SKOLDO ™

Mi libro de español

Elementary

....

Me llamo

....

Estoy en
primero de Primaria
segundo de Primaria
tercero de Primaria
cuarto de Primaria

Pompom, the rabbit, is hiding throughout this book.
Write the numbers of the 12 pages where he is hiding.

los colores

rojo

amarillo

azul

verde

naranja

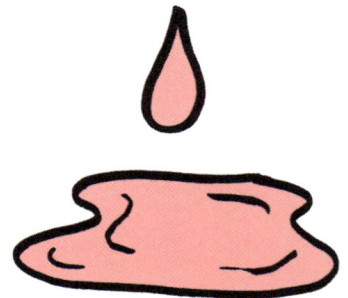

rosa

morado

gris

blanco

marrón

negro

beige

los números

uno

dos

tres

cuatro

cinco

seis

siete

ocho

nueve

diez

Elementary Book Contents

los colores (i)

Elige el color adecuado ✏ Escribe ✍

rosa

azul

rojo

amarillo

verde

1
rojo
rojo
....

2
amarillo
....

3
rosa
....

4
verde
....

5
azul
....

Escribe el número adecuado.
Write the correct number.

	amarillo
	azul
	rosa
	verde
	rojo

1

los colores (ii)

Elige el color adecuado 👓 Escribe ✍

1 morado

negro

2 negro

gris

3 gris

marrón

naranja

4 naranja

5 marrón

morado

Escribe el número adecuado.
Write the correct number.

	morado
	marrón
	gris
	naranja
	negro

2

Cinco lobitos

Cinco lobitos
tiene la loba
blancos y negros
detrás de la escoba.

Cinco tenía
cinco criaba
y a todos los cinco
Tetita les daba

Track 56 Karaoke version

3

los números (i)

Elige el color adecuado 👓 Escribe ✍️

uno

uno

....

dos

....

tres

....

1 morado

2 azul

3 rosa

4 amarillo

5 verde

cuatro

....

cinco

....

Escribe el número adecuado.
Write the correct number.

	dos
	cinco
	tres
1	uno
	cuatro

4

los números (ii)

Elige el color adecuado  Escribe

6 naranja

7 morado

8 verde

9 amarillo

10 rojo rosa

seis

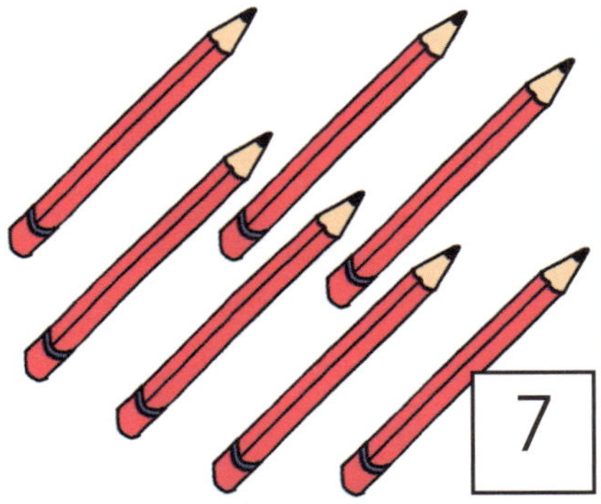

6

siete

7

ocho

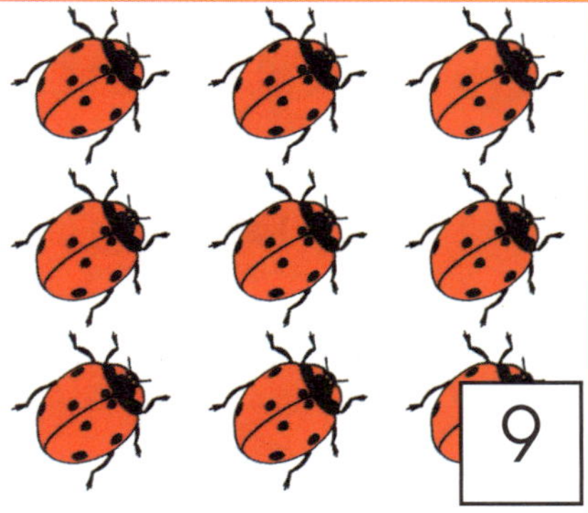

8

nueve

9

diez

10

Escribe el número adecuado.
Write the correct number.

siete
diez
ocho
nueve
seis

Presente

Pedro

Jorge

Alejandro

Nuria

Pilar

abcdefghijklmnñopqrstuvwxyz

6

Un elefante

Un elefante se balanceaba
sobre la tela de una araña,
como veia que no se caia
fue a buscar a otro elefante

Dos elefantes
se balanceaban,
sobre la tela
de una araña,
como veian
que no se caian
fueron a buscar
a otro elefante.

Tres elefantes
se balanceaban,
sobre la tela
de una araña,
como veian
que no se caian
fueron a buscar
a otro elefante...

Track 57 Karaoke version

7

un juego

Escucha con cuidado 👂 y escribe el número adecuado ✍️

Listen carefully and write the correct number in the correct coloured box.

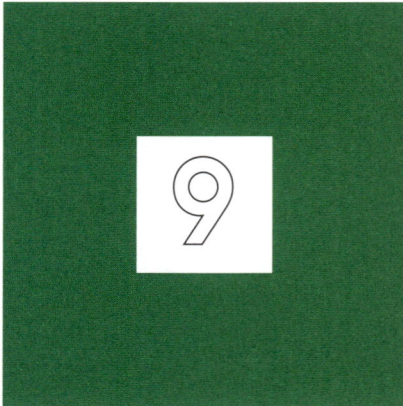

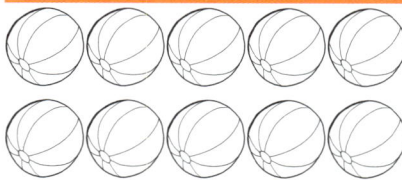

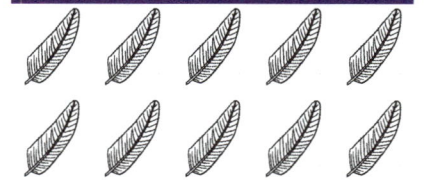

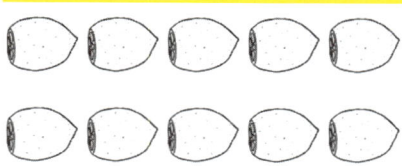

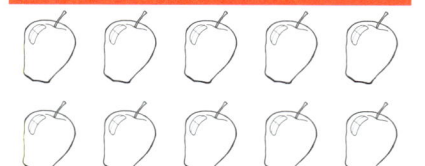

9

repaso

Escucha con cuidado 👂 y marca la casilla correcta ✓

Cinco peces

1 2 3 4 5   5 peces
1 2 3 4 5   en el río

1 2 3 4 ✳   4 peces
1 2 3 4 ✳   en el río

1 2 3 ✳ ✳   3 peces
1 2 3 ✳ ✳   en el río

1 2 ✳ ✳ ✳   2 peces
1 2 ✳ ✳ ✳   en el río

Un pececito sin amiguitos
Un pececito en el río

la ropa (i)

Elige el color adecuado  Escribe

el jersey
el jersey

rojo

rosa

la camisa

los vaqueros

amarillo

verde

el vestido

la falda

azul

Escribe el símbolo adecuado.
Write the correct symbol.

	la falda
	el vestido
↓	los vaqueros
	la camisa
	el jersey

11

la ropa (ii)

Elige el color adecuado Escribe

la camiseta

☺

el calcetín

↑

verde

amarillo

el zapato

↓

azul

rojo

los pantalones

✓

rosa

el abrigo

✗

Escribe el símbolo adecuado.

Write the correct symbol.

	el zapato
	el abrigo
✓	los pantalones
	el calcetín
	la camiseta

12

¿Dónde está el león?

1 2 3 4 5
cinco pasitos
en la selva
6 7 8 9 10
¿Dónde está el león?

Tengo miedo,
tengo miedo
miedo del león

Tengo miedo,
tengo miedo
miedo del león

Tengo hambre. (i)

Colorea ✏️   Escribe ✍️

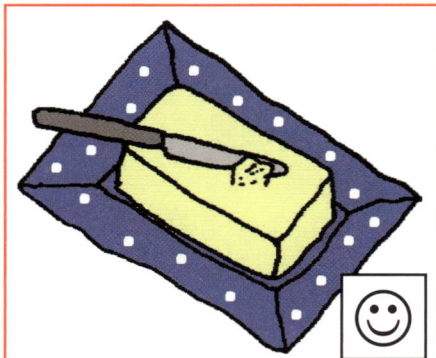

la mantequilla
....

amarillo

rojo

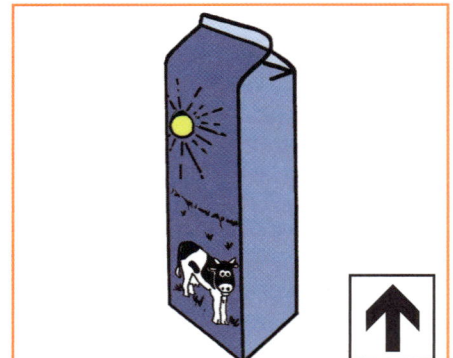

la leche
....

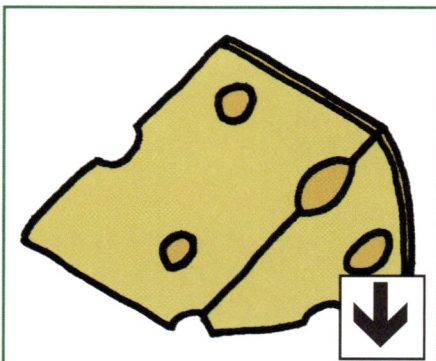

el queso
....

morado

rosa

la mermelada
....

naranja

el pan
....

Escribe el símbolo adecuado.
Write the correct symbol.

	el queso
	el pan
	la mantequilla
	la mermelada
	la leche

14

Tengo hambre. (ii)

Colorea ✏️   Escribe ✍️

la miel

....

marrón

las patatas fritas

....

azul

el huevo

....

rosa

gris

la pasta

....

verde

el yogur

....

Escribe el símbolo adecuado.
Write the correct symbol.

	la pasta
	el huevo
	la miel
	el yogur
	las patatas fritas

15

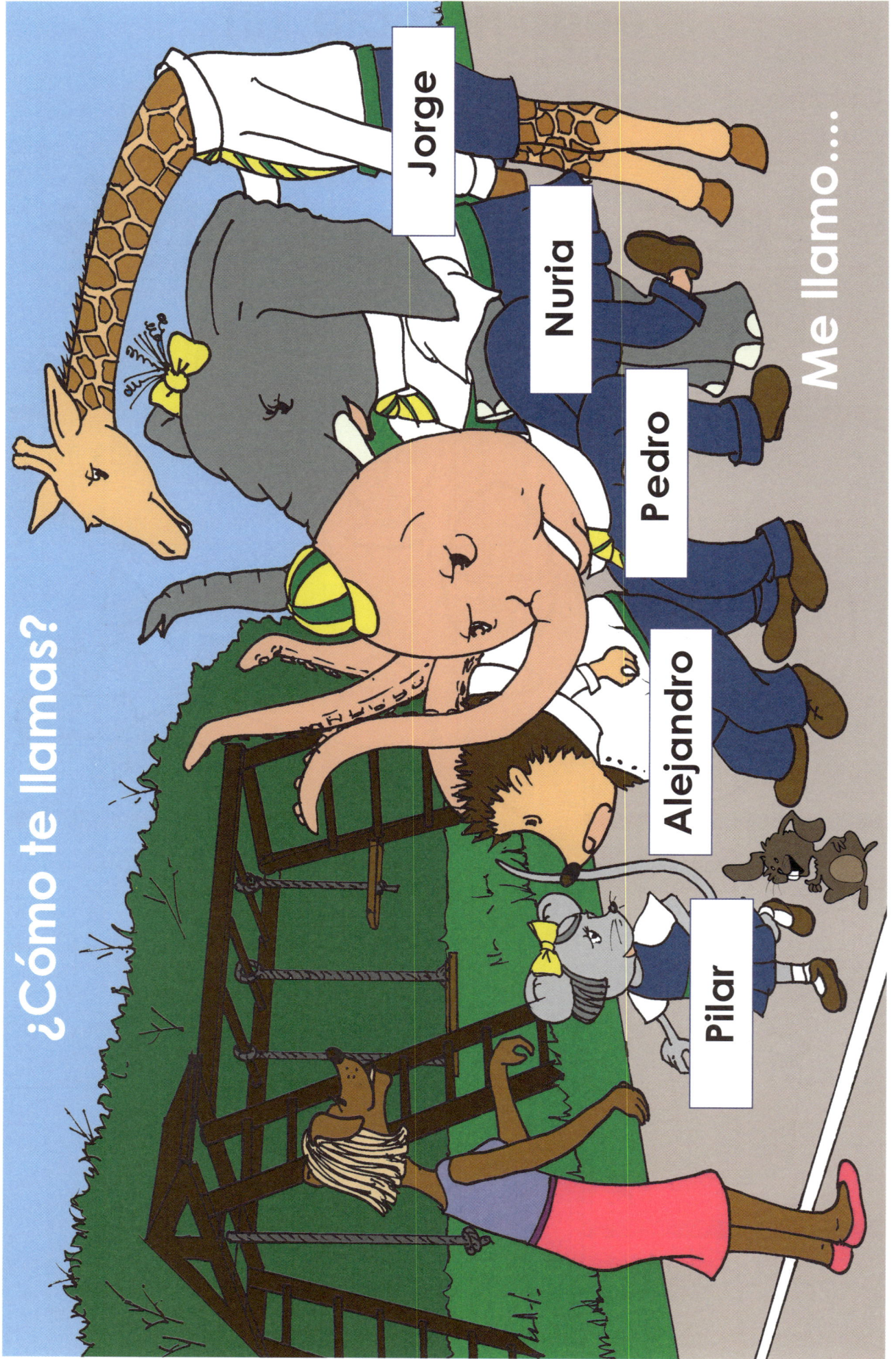

¿Cómo te llamas?

Jorge

Nuria

Pedro

Alejandro

Pilar

Me llamo.....

Los pollitos

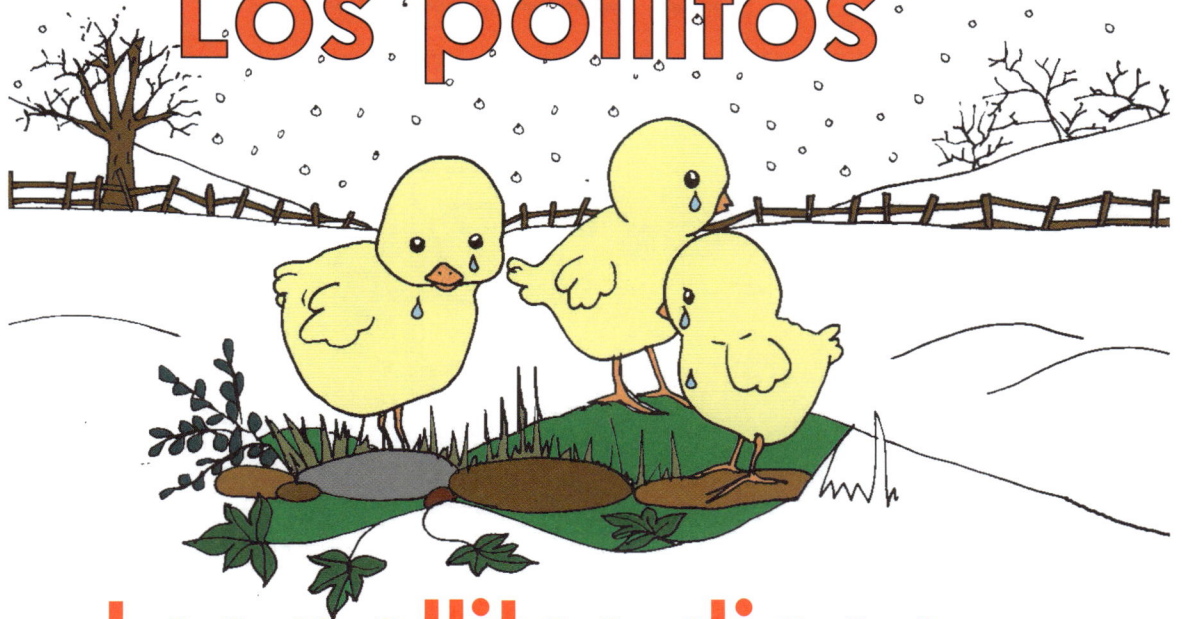

Los pollitos dicen
pío, pío, pío,
cuando tienen hambre
cuando tienen frío.

Su mamá les busca
el maíz y el trigo,
les da la comida
y les presta abrigo.

Track 60 Karaoke version

la escalera

repaso

Escucha con cuidado 👂 y marca la casilla adecuada ✓

Veo dos camisas

Veo dos camisas
Veo un vestido
Veo dos calcetines
y unos vaqueros
y un osito

1er verso

2º verso

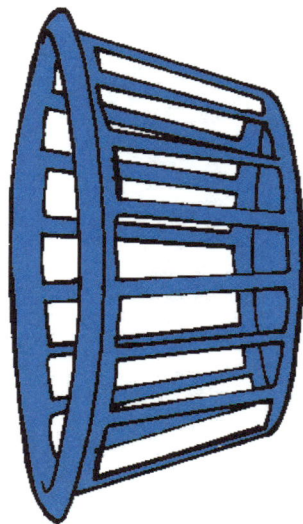

los animales (i)

Elige el color adecuado  Escribe

1

el gato

....

naranja

negro

rojo

gris

marrón

2

el perro

....

3

el pez

....

4

el conejo

....

5

el hámster

....

Escribe el número adecuado.
Write the correct number.

	el hámster
	el gato
	el pez
	el perro
	el conejo

21

los animales (ii)

Elige el color adecuado   Escribe

la oveja

1

....

naranja

negro

el cerdo

2

....

rojo

marrón

la gallina

4

....

el caballo

5

....

gris

la vaca

3

....

Escribe el número adecuado.
Write the correct number.

	la vaca
	el caballo
	el cerdo
	la gallina
	la oveja

22

¡Toc! ¡Toc! ¡Toc!

¡Toc! ¡Toc! ¡Toc!
¿Quién llama a la puerta?
¡Guau guau guau!
¿Quién llama?
Es el perro.

¡Toc! ¡Toc! ¡Toc!
¿Quién llama a la puerta?
¡Miau miau miau!
¿Quién llama?
Es el gato.

¡Toc! ¡Toc! ¡Toc!
¿Quién llama a la puerta?
¡Cua cua cua!
¿Quién llama?
Es el pato.

¡Toc! ¡Toc! ¡Toc!
¿Quién llama a la puerta?
¡Muu muu muu!
¿Quién llama?
Es la vaca.

¡Toc! ¡Toc! ¡Toc!
¿Quién llama a la puerta?
¡Pío pío pío!
¿Quién llama?
Es el pájaro.

Track 62 Karaoke version

23

la fruta

Elige el color adecuado  Escribe

el plátano

....

amarillo

rojo

verde

naranja

morado

la fresa

....

la manzana

....

el limón

....

la pera

....

Escribe el símbolo adecuado.
Write the correct symbol.

	el limón
	la fresa
	la manzana
	la pera
	el plátano

24

las verduras

Elige el color adecuado  Escribe

la zanahoria ☺
....

la patata ↑
....

el tomate ↓
....

la coliflor ✓
....

la cebolla ✗
....

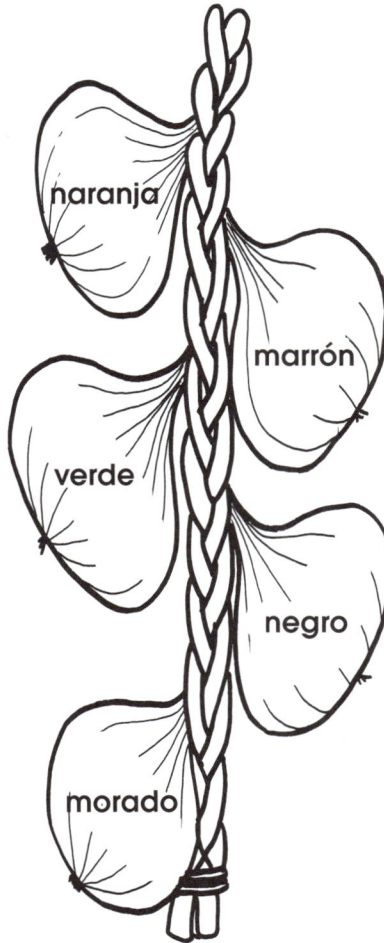

naranja

marrón

verde

negro

morado

Escribe el símbolo adecuado.
Write the correct symbol.

	el tomate
	la coliflor
	la cebolla
	la zanahoria
	la patata

25

¿Cuántos años tienes?

Me gustan los helados

Me gustan los helados, helados, helados
Me gustan los helados ¡mmmmmm!

fresa, pera, naranja, manzana
Me gustan los helados
y (de) limón

Me gusta la fruta, la fruta, la fruta
Me gusta la fruta ¡mmmmmm!

fresa, pera, naranja, manzana
Me gusta la fruta
y (de) limón

Me gustan los caramelos, caramelos, caramelos
Me gustan los caramelos ¡mmmmmm!

fresa, pera, naranja, manzana
Me gustan los caramelos
y (de) limón

Track 63 Karaoke version

Ricitos de oro y los tres ositos

Caperucita roja

Los tres cerditos

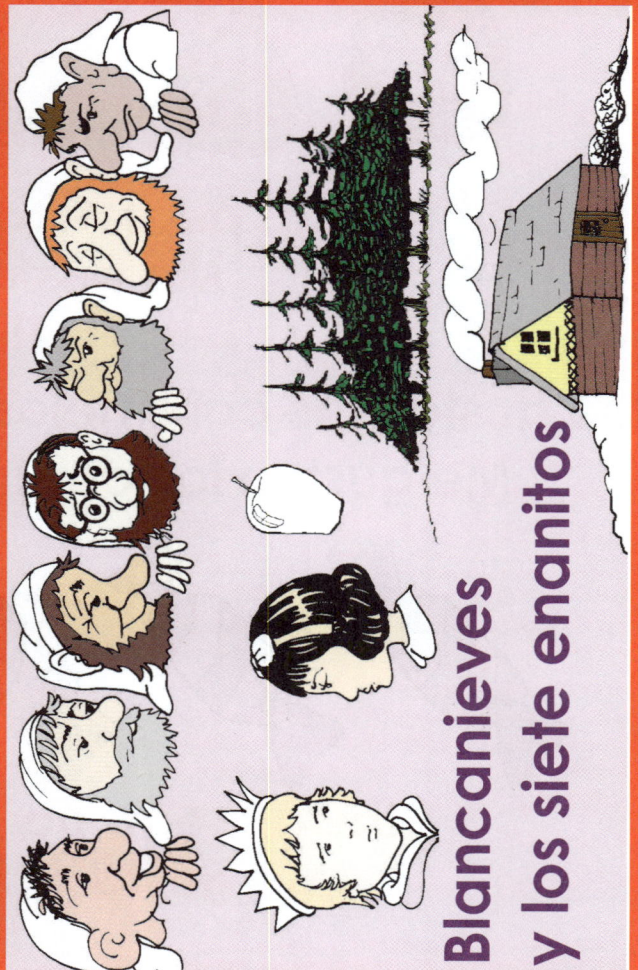

Blancanieves y los siete enanitos

repaso

Escucha con cuidado 👂 y marca la casilla adecuada ✓

la sopa de verduras

¡Oh! la sopa de verduras
qué deliciosa es
qué deliciosa es

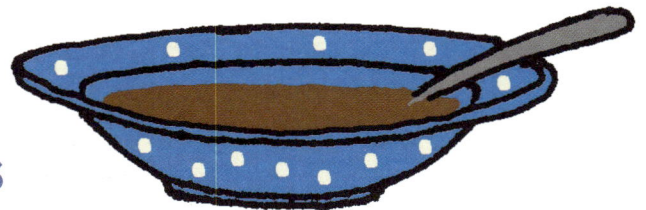

¡Oh! la sopa de verduras
qué deliciosa es
qué deliciosa es

tres zanahorias

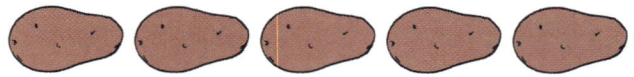

cinco patatas

dos cebollas

y cuatro tomates

tres zanahorias

cinco patatas

dos cebollas

y una coliflor

¡Oh! la sopa de verduras
qué deliciosa es
qué deliciosa es

¡Oh! la sopa de verduras
qué deliciosa es
qué deliciosa es

Track 64 Karaoke version

30

la cabeza

Elige el color adecuado  Escribe

1 — el pelo

....

naranja

negro

4 — la nariz

....

2 — los ojos

....

rojo

gris

5 — las orejas

....

marrón

3 — la boca

....

Escribe el número adecuado.
Write the correct number.

	los ojos
	el pelo
	la boca
	las orejas
	la nariz

31

el cuerpo

Elige el color adecuado  Escribe

el pie ⬜ 1

rojo

amarillo

el brazo ⬜ 4

....

la mano ⬜ 2

marrón

naranja

la cabeza ⬜ 5

....

la pierna ⬜ 3

....

verde

Escribe el número adecuado.
Write the correct number.

	la pierna
	la cabeza
	el brazo
	el pie
	la mano

Mi cara

los ojos

la boca

la nariz

**En mi cara redondita tengo ojos y nariz
y también tengo una boca
para charlar y reir**

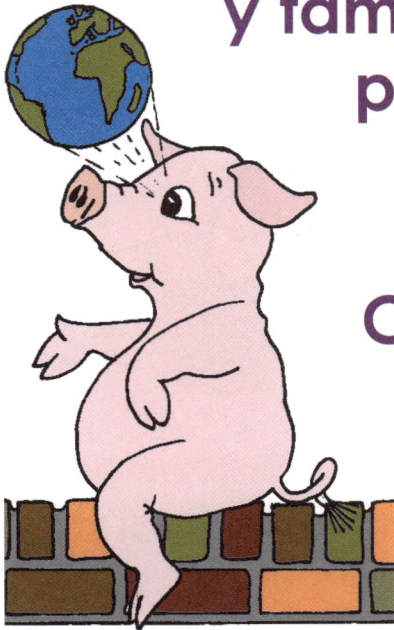

Con los ojos veo todo

Con la nariz hago ¡achis!

**y con la boca yo como:
¡palomitas de maíz!**

los pasatiempos

Elige el color adecuado  Escribe

1

la televisión

....

rosa

morado

4

el fútbol

....

2

leer

....

marrón

azul

5

cocinar

....

gris

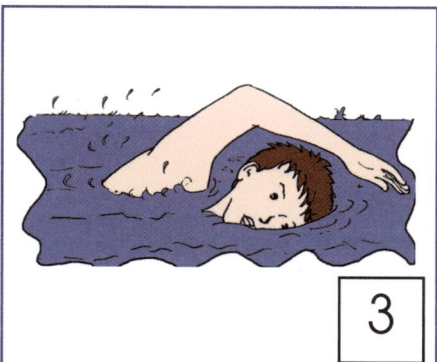

3

nadar

....

Escribe el número adecuado.
Write the correct number.

	nadar
	cocinar
	la televisión
	el fútbol
	leer

34

los juguetes

Elige el color adecuado  Escribe

el libro

....

la pelota

....

el osito de peluche

....

el videojuego

....

la muñeca

....

Escribe el símbolo adecuado.
Write the correct symbol.

	el osito de peluche
	el videojuego
	la pelota
	la muñeca
	el libro

azul

rosa

amarillo

morado

rojo

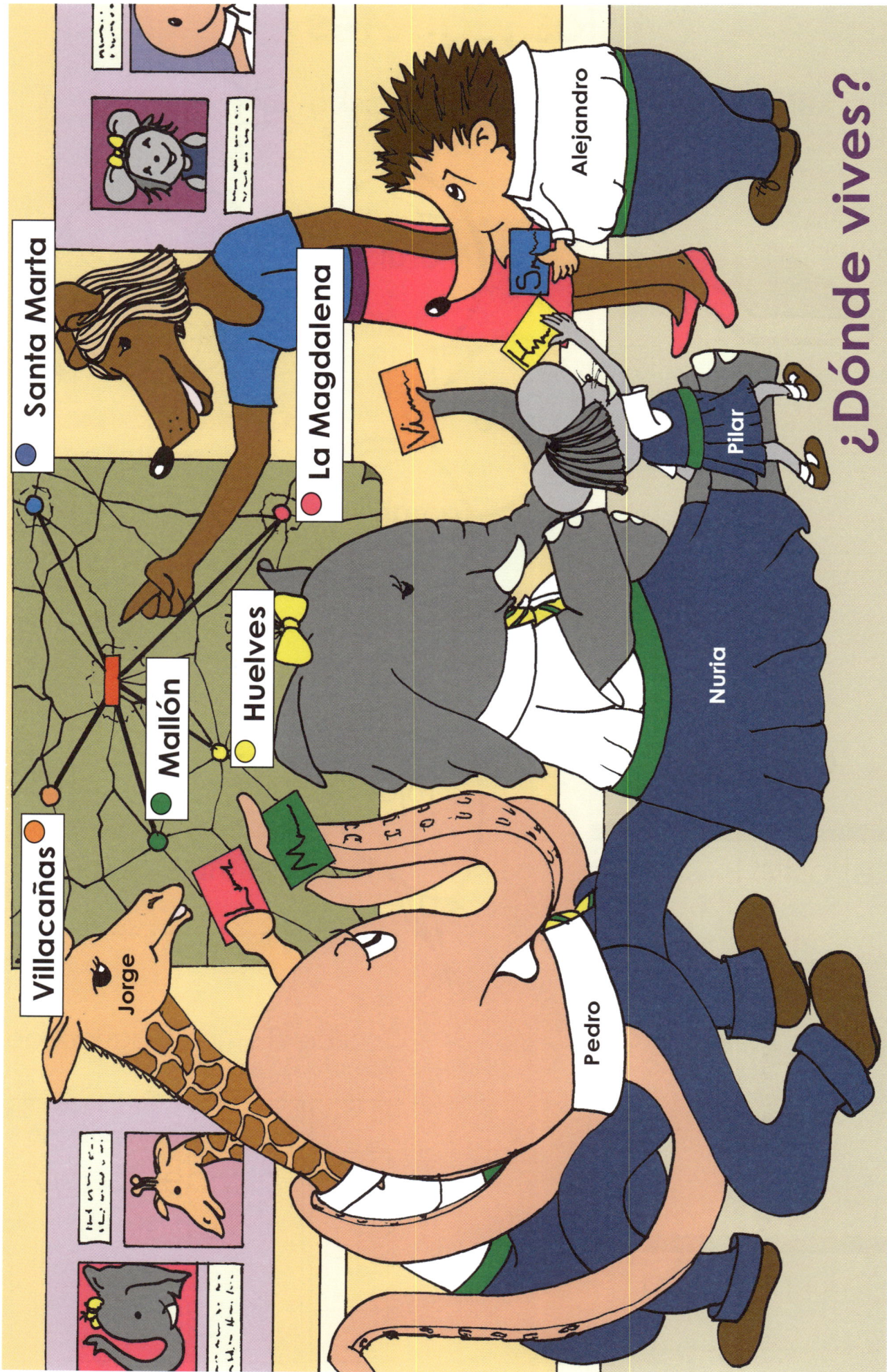

¿Dónde vives?

Santa Marta

La Magdalena

Huelves

Mallón

Villacañas

Alejandro

Pilar

Nuria

Pedro

Jorge

¿Puedes Ver?

¿Puedes ver cinco ventanas
  en azul y rojo?
¿Puedes ver un balcón
  en verde y en negro?
¿Puedes ver una puerta
  en marrón y rosa?
¿Puedes ver un tejado
  con muchas tejas?

azul    negro

rojo    rosa y

verde    marrón

Track 65 Karaoke version

37

mis juguetes

verde

rojo

morado

amarillo

rosa

marrón

azul

rojo
oso

verde

naranja

azul

amarillo

repaso

Escucha con cuidado 👂 y marca la casilla adecuada ✓

el campo (i)

Elige el color adecuado 👓 Escribe ✍️

1

la flor

....

amarillo

morado

2

la mariposa

....

naranja

rojo

3

el árbol

....

4

el río

....

5

el puente

....

marrón

Escribe el número adecuado.
Write the correct number.

| | el puente |
| el río |
| el árbol |
| la flor |
| la mariposa |

40

el campo (ii)

Elige el color adecuado  Escribe

el zorro
1

la liebre
2

el ratón
3

negro

gris

marrón

rojo

amarillo

el erizo
4

el topo
5

Escribe el número adecuado.
Write the correct number.

la liebre
el zorro
el topo
el erizo
el ratón

El toro toronjil

Vamos a la vuelta
del toro toronjil
a ver a la rana
comiendo perejil

La rana no está aquí
estará en su vergel
cortando una rosa
sembrando un clavel

¿Cómo amaneció la ranita?
¡bien! (Start the song again)

¿Cómo amaneció la ranita?
¡engusanada! (Everyone runs away)

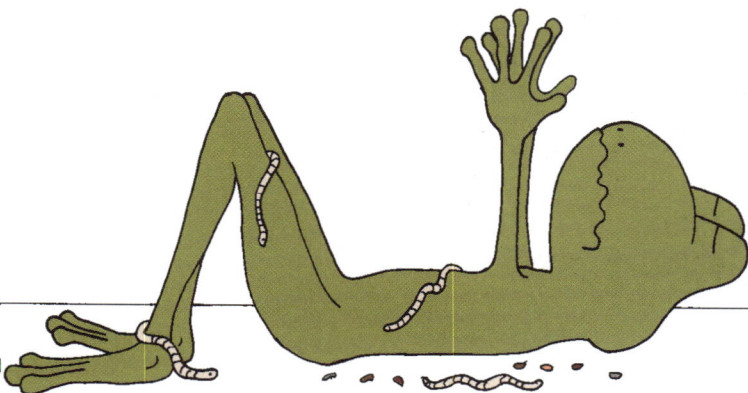

¡bien!   ¡engusanada!

Track 66 Karaoke version

42

la playa

Elige el color adecuado Escribe

el sol

amarillo

rojo

azul

naranja

marrón

la gaviota

el mar

el cubo

la pala

Escribe el símbolo adecuado.
Write the correct symbol.

	la pala
	el cubo
	el mar
	el sol
	la gaviota

43

el transporte

Elige el color adecuado  Escribe ✍

amarillo

el coche

....

rosa

el tren

....

azul

morado

la bicicleta

verde

el autobús

....

....

Escribe el símbolo adecuado.
Write the correct symbol.

	la bicicleta
	el autobús
	el coche
	el tren
	el avión

el avión

....

¡Hola!
¿Qué tal?

Jorge

Alejandro

Pilar

Pedro

Nuria

Bien gracias
I'm fine thanks.

No me encuentro bien.
I don't feel very well.

Así así
So so

Las ruedas del camión

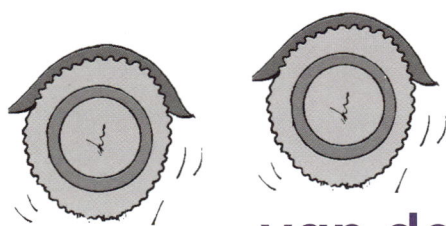

**Las ruedas del camión
van dando vueltas x 3
Las ruedas del camión
van dando vueltas por la ciudad.**

**El chofer del camión
dice "pasen atrás" x 3
El chofer del camión dice
"pasen atrás" por la ciudad.**

**La gente en el camión
salta y salta x 3**

**El bebé en el camión
hace ña ña ña x 3**

**La mamá en el camión
hace shish shish shish x 3**

Track 67 Karaoke version

46

repaso

Escucha con cuidado 👂 y marca la casilla adecuada ✓

la casa

Elige el color adecuado Escribe

la mesa

....

negro

morado

marrón

naranja

gris

la puerta

....

la silla

....

la casa

....

la ventana

....

Escribe el símbolo adecuado.
Write the correct symbol.

	la ventana
	la casa
	la mesa
	la puerta
	la silla

48

la familia

Elige el color adecuado  Escribe

la madre

amarillo

rosa

la hermana

el padre

morado

azul

la familia

el hermano

naranja

Escribe el número adecuado.
Write the correct number.

	la familia
	el hermano
	la madre
	la hermana
	el padre

Papá, Mamá, Pedro, Ana

Papá, Mamá, Pedro, Ana y el perro 'Federico'
Papá, Mamá, Pedro, Ana y el perro 'Federico'

Papá es el padre
Mamá es la madre
Pedro el hermano
Ana la hermana

Repeat 1st part of the song

Papá, Mamá, Pedro, Ana
y el perro 'Federico'
Papá, Mamá, Pedro, Ana
y el perro 'Federico'

Papá es
el padre

Mamá es
la madre

Pedro es
el hermano

Ana es
la hermana

Federico es
el perro

Tengo sed.

Elige el color adecuado ⌒ Escribe ✍

el agua

....

rosa

morado

marrón

naranja

amarillo

el zumo de naranja

.... de naranja

el café

....

la coca-cola®

....

el té

....

Escribe el símbolo adecuado.
Write the correct symbol.

	la coca-cola®
	el café
	el zumo de naranja
	el agua
	el té

el estuche

Elige el color adecuado 👓 Escribe ✍

el lápiz

verde

el sacapuntas

azul

amarillo

el bolígrafo

naranja

la goma

rosa

la regla

Escribe el símbolo adecuado.
Write the correct symbol.

la goma
el sacapuntas
el bolígrafo
el lápiz
la regla

52

Buenas noches

las cortinas

los ojos

las estrellas   la luna

el murciélago

Buenas noches
Corre las cortinas
Buenas noches
Cierra los ojos

el búho, la luna
las estrellas
el tejón, el zorro
el murciélago

Buenas noches
Corre las cortinas
Buenas noches
Cierra los ojos

el búho

el tejón

el zorro

Track 69 Karaoke version

53

el alfabeto español

Aa el **a**vión	**Bb** el **b**arco	**Cc** el **c**aracol	**Dd** el **d**ado
Ee el **e**lefante	**Ff** la **f**resa	**Gg** el **g**ato	**Hh** el **h**elado
Ii el **i**glú	**Jj** el **j**ersey	**Kk** el **k**oala	**Ll** el **l**eón
Mm la **m**ariposa	**Nn** la **n**aranja	**Ññ** el ni**ñ**o	**Oo** la **o**veja
Pp el **p**erro	**Qq** el **q**ueso	**Rr** el **r**atón	**Ss** el **s**ol
Tt el **t**omate	**Uu** las **u**vas	**Vv** la **v**aca	**Ww** el **w**ok
Xx el **x**ilófono	**Yy** el **y**ogur	**Zz** el **z**orro	abcdefgh ijklmnñop qrstuvwxyz

Track 55 full alphabet + words

54

Vocabulario (i)

1 & 2 colours	los colores		14 & 15 I'm hungry.	Tengo hambre.
black	negro		bread	el pan
blue	azul		butter	la mantequilla
brown	marrón		cheese	el queso
green	verde		chips	las patatas fritas
grey	gris		egg	el huevo
yellow	amarillo		honey	la miel
orange	naranja		jam	la mermelada
pink	rosa		milk	la leche
purple	morado		pasta	la pasta
red	rojo		pizza	la pizza
4 & 5 numbers	**los números**		yoghurt	el yogur
1 one	1 uno		**21 & 22 animals**	**los animales**
2 two	2 dos		cat	el gato
3 three	3 tres		cow	la vaca
4 four	4 cuatro		dog	el perro
5 five	5 cinco		fish	el pez
6 six	6 seis		hamster	el hámster
7 seven	7 siete		hen	la gallina
8 eight	8 ocho		horse	el caballo
9 nine	9 nueve		pig	el cerdo
10 ten	10 diez		rabbit	el conejo
11 & 12 clothes	**la ropa**		sheep	la oveja
coat	el abrigo		**24 fruit**	**la fruta**
dress	el vestido		apple	la manzana
hat	el sombrero		banana	el plátano
jeans	los vaqueros		lemon	el limón
jumper	el jersey		pear	la pera
shirt	la camisa		strawberry	la fresa
shoe	el zapato		**25 vegetables**	**las verduras**
skirt	la falda		carrot	la zanahoria
sock	el calcetín		cauliflower	la coliflor
tee-shirt	la camiseta		onion	la cebolla
trainers	las zapatillas de deporte		potato	la patata
trousers	los pantalones		tomato	el tomate

Vocabulario (ii)

31 & 32 body	el cuerpo	43 beach	la playa
arm	el brazo	bucket	el cubo
back	la espalda	sea	el mar
ears	las orejas	seagull	la gaviota
eyes	los ojos	spade	la pala
foot	el pie	sun	el sol
hair	el pelo	**44 transport**	**el transporte**
hand	la mano	aeroplane	el avión
head	la cabeza	bike	la bicicleta
leg	la pierna	bus	el autobús
mouth	la boca	car	el coche
nose	la nariz	train	el tren
34 hobbies	**los pasatiempos**	**48 house**	**la casa**
cooking	cocinar	chair	la silla
football	el fútbol	door	la puerta
reading	leer	house	la casa
swimming	nadar	table	la mesa
watching television	ver la televisión	window	la ventana
35 toys	**los juguentes**	**49 family**	**la familia**
ball	la pelota	brother	el hermano
book	el libro	father	el padre
doll	la muñeca	mother	la madre
teddy	el osito de peluche	sister	la hermana
video game	el videojuego	**51 I'm thirsty.**	**Tengo sed.**
40 & 41 countryside	**el campo**	coca cola ®	la coca-cola ®
bridge	el puente	coffee	el café
butterfly	la mariposa	orange juice	un zumo de naranja
flower	la flor	tea	el té
fox	el zorro	water	el agua
hare	la liebre	**52 pencil case**	**el estuche**
hedgehog	el erizo	pen	el bolígrafo
mole	el topo	pencil	el lápiz
mouse	el ratón	pencil sharpener	el sacapuntas
river	el río	rubber	la goma
tree	el árbol	ruler	la regla